THÈSE

POUR

LA LICENCE

L'ACTE PUBLIC SUR LES MATIÈRES CI-APRÈS
SERA SOUTENU LE MERCREDI 11 AOUT 1869, A 3 HEURES

PAR

CHARLES BALLEY

né à Paris (Seine)

Président : M. BUFNOIR, *Professeur.*

Suffragants .
MM. VUATRIN	*Professeurs.*
RATAUD	
ACCARIAS	*Agrégés.*
BOISSONNADE	

Le candidat répondra en outre aux questions qui lui seront faites
sur les autres matières de l'enseignement.

PARIS

TYPOGRAPHIE ET LITHOGRAPHIE RENOU ET MAULDE

144, RUE DE RIVOLI, 144

1869

F

FACULTÉ DE DROIT DE PARIS

THÈSE

POUR

LA LICENCE

L'ACTE PUBLIC SUR LES MATIÈRES CI-APRÈS
SERA SOUTENU LE MERCREDI 11 AOUT 1869, A 3 HEURES

PAR

CHARLES BALLEY

né à Paris (Seine)

Président : M. BUFNOIR, *Professeur.*

Suffragants . MM. VUATRIN
RATAUD } *Professeurs.*
ACCARIAS
BOISSONNADE } *Agrégés.*

Le candidat répondra en outre aux questions qui lui seront faites
sur les autres matières de l'enseignement.

PARIS

TYPOGRAPHIE ET LITHOGRAPHIE RENOU ET MAULDE

144, RUE DE RIVOLI, 144

1869

(ش)

A MON PÈRE

A MA MÈRE

A MES SŒURS

A MON BEAU-FRÈRE

JUS ROMANUM

De administratione rerum ad civitates pertinentium.

(Dig. lib., L. tit. VIII.)

Vario jure utuntur civitates, vel sibi proprio, vel privatis omnibus communi. Quemadmodum enim privatus civis et dominium habere et contrahere, suaque jura coram magistratibus et judicibus exercere potest, ita civitas privato viro adsimilata, communi jure circa suos contractus aut in judiciis fruitur; quædam tamen habet privilegia, sibi propria, quorum privatæ personæ sunt exsortes.

Primum videamus exceptiones, privilegia scilicet; posthac evidenter apparebunt quænam sunt jura civitati privatisque civibus communia.

Cum de administratione civitatis agitur, civitas pupillo similis est, et illam leges jurant in locandis bonis et in sustinendis actionibus. Illius hoc est privilegium, quod si in aliquo captum esse jus civitatis defensores putant, restitutionis auxilium, sic ut erga pupillos extra ordinem flagitare possunt. Et in hoc etiam pupillis civitas similis est, quod, si quid adversus eam indefensam, in ea specie, in qua neque defensores creati fuerint, neque ut crearentur placuit, statutum est, actionibus ejus nihil est præjudicatum. Attamen cavendum est ne restitutionis auxilio civitas abutatur; sic exempli causa, in priori locatione capta non videtur ob id unum quod fundum postea pluris locaverit.

Quibus exceptis, communi omnium jure utuntur civitates. Et ideo privilegium fisco simile nulla civitas in bonis debitoris habet, nisi nominatim in beneficio principis, aut sua lege propria, veluti civitas Antiochena, tributum sit. Item pacta, civitatum contractibus inserta, custodiri debent. Hinc quidem si civitatis in locum quis successerit privilegia nulla nec jus pignoris habebit, nisi ea civitati lege quadam fuerint concessa; hinc etiam, si in locatione fundorum, pro temporali sterilitate, boni viri arbitratu, in solvenda pensione cujusque anni pacto comprehensum est , explorata lege conductionis bona fides sequenda est. Imo quoque res quas emit civitas, perfecta emptione, ipsius periculo esse incipiunt.

Nunc de his qui rerum ad civitates pertinentium administratione funguntur agamus. Curatores reipublicæ appellatio generalis est, complectens, tam eos, qui summam reipublicæ administrant cum honore; quam eos, quibus aliqua pars administrationis credita est sine honore. Quinam fuerunt isti curatores reipublicæ non evidenter apparet; certum est tamen eos magistratus fuisse, quum adsessores habuerint. Et quidquid sit de illorum officio, eis rerum civitatis administrationem creditam esse non dubium est; non tamen habuerunt jus mulctæ dicendæ.

Antequam is cui civitatis administratio delegata est munus capiat, sive sponte, sive compulsus hoc officio fungatur, cavere debet rem reipublicæ salvam fore : quod si alieni juris sit pater ejus simul cavebit. Itaque, qui consulto filium emancipaverat, ne pro magistratu ejus caveret perinde bona teneri, atque si fidejussor pro eo extitisset. Filius contra pro patre, curatore reipublicæ creato, cavere cogi non potest ; nec mutat quod in eum pater emancipatum, priusquam curator constitueretur partem bonorum suorum donationis causa contulit. Iis tamen administratoribus cautio remittitur, quos præses ex inquisitione creat.

DE OFFICIO ADMINISTRATORUM REIPUBLICÆ.

Quum generaliter res civitatum, ut infra videamus, alienari non possunt, hoc de causa patet ; agros reipublicæ retrahere curatorem reipublicæ debere, licet a bona fide emptoribus possideantur ; cum possint ad auctores suos recurrere. At vero agri publici qui in perpetuum locantur a curatore sine auctoritate principali revocari non possunt.

ITEM AD OFFICIUM CURATORIS PERTINET, UT :

1. Bona civitatis optimis colonis tribuat, quæ concessio sæpissime fit sive ad longum tempus, sive etiam in perpetuum vectigale promisso aut fructibus, aut pecunia. Colonus a prætore in rem actionem adversus quemvis possessorem, et adversus ipsas muni-

cipes habebit. Bona sic tributa agri vectigales appellantur.

II. — Legata quoque et omnia quæ civitati debentur a debitoribus exigere debet, dummodo se acerbum et contumeliosum in exigendo non præbeat, præsertimque si pecuniæ parient usuras. Quod quidem si non fecit curator ab eo vel herede, et si solvendo ipse non est, a fidejussoribus deberi rescriptum est. Si tamen bene collocatæ sunt pecuniæ, in sortem inquietari debitores non debent, nisi sit necessaria omnibus rebus publicis frumentaria pecunia.

Pecuniam civitatis collocare debet, videndo scilicet ne pecuniæ publicæ credantur sine pignoribus idoneis vel hypothecis.

Observare etiam debet ut in certos usus destinatam pecuniam in alios usus non eroget.

Ulpianus etiam dixit : Quod ad certam speciem civitati relinquitur in alios usus condertere non licet. Id præsertim apparet cum de comparatione frumenti agitur, nam ad frumenti comparationem pecunia data, restitui civitati; non compensari iu erogata debet. Sin autem pecunia frumentaria in alios usus quam quibus destinata est, conversa fuerit, licet bona fide datum probatur, argentum cum usuris restituere debet curator.

Curare etiam debet ne legatum municipio relictum, in aliud quod defunctus voluerit, citra principis auctoritatem convertat. Si tamen usus indictus, Falcidiæ interventu, vel lege prohibetur, in id quod maxime

necessarium reipublicæ videatur convertere oportet.
Pecuniam enim municipio legatam, ut ex reditu ejus
venatio, aut spectacula edantur, senatus in eas causas
erogari vetuit. Et pecuniam ita legatam, in id quod
maxime necessarium municipibus videatur, conferre
permittitur : ut in eo munificentia ejus qui legavit in-
scriptione notetur.

Item ad officium administratoris civitatis pertinet,
ut quosvis contractus in rem civitatis ineat. Dubitari
autem potest, an ipse, an respublica, ex his contractibus, tenebitur? Quod si, administratoris tempore,
creditoribus reipublicæ, novatione facta, pecuniam
caverit in eum post depositum officium actionem de-
negari non oportet. Et generaliter dici potest, ex con-
tractu magistratuum municipalium in ipsos actionem
dari et anno magistratus finito, si id quod contraxe-
runt, **non versum est in rem reipublicæ**; sin autem
in ipsam rempublicam, actio datur.

Denique ad curatoris officium spectat ut, dirutæ
domus a dominis exstruantur. Sin aliter, eas sumptu
publico reficiat, curator. Et eo casu domum publico
sumptu extructam, si dominus ad tempus pecuniam
impensam cum usuris restituere noluerit, jure respublica distrahit.

De obligatione administratoris republicæ erga rempublicam.

Administrator reipublicæ obligatur ad reddendam
administrationis suæ rationem; hæc obligatio com-
plectitur, non solum ut pecuniam quæ ex rationibus

apud eum remansit, restituat, sed etiam ut in id
teneatur quod dolo aut culpa in administratione pec-
cavit. Enimvero magistratus reipublicæ, non dolum
solummodo, sed et latam negligentiam, et hoc am-
plius etiam diligentiam debent. Aliter tamen ex dolo,
aliter ex culpa tenentur, nam Antoninus et Verus res-
cripserunt : Curatores si negligenter in distrahendis
bonis se gesserint in simplum teneri, si per fraudem,
in duplum ; nec ad heredes eorum pœnam descen-
dere. Culpa est, si curatore debitores non interpel-
lante, nomina deteriora facta sunt; quorum tunc periculum ad ipsum pertinet; sed contra illorum quæ
fecit ipse periculo liberatur, si ejus successores ea pro-
baverunt; modo tamen successores idoneos nomina-
verit.

Quæsitum est an pecuniæ quam reipublicæ debent
ex administratione sua, usuras quoque deberent curatores? Ex imperatoribus Antonino et Vero a curatori-
bus exigenda est usura pecuniæ pro administratione
civitati debitæ, quæ apud eos remansit, sicut ab illo
qui per se magistratum et postea non parvo tempore
nummos publicos detinuit, nisi quid allegare possit,
qua ex causa tardius intulisset.

Sed placuit ut solum teneantur sorte; quum a
redemptoribus operum non potest exigi, nam hoc modo
negligentiæ satis pœnæ fertur.

Hæc autem ita fiunt, si nulla fraus arguitur, alioquin
usuræ currunt. Imo, sorte autem salva, tenetur quidem
de usuris quas culpa sua non exegit curator; sed eis
usuris, imo sorti quam a minus idoneis debitoribus

non recepisset, compensat id quod plus solitis usuris ex aliis nominibus percepit.

Circa rationes quas curator reddere tenetur, unum adhuc observandum superest. Reipublicæ rationes suscriptæ et expunctæ, quamvis gratioso expunctæ dicantur, adversus cum quidem qui administravit, ultra vigenti; adversus heredem, ultra decem annos, retractari non possunt. Falsi tamen calculi retractatio etiam post decenni aut vicennii tempora admittitur.

De personis quæ accedunt obligationi administratoris reipublicæ.

Administrationis obligationi accedunt fidejussores, collegæ et nominatores.

Fidejussores ejus obligationi accedere palam est, quemadmodum et in tutoribus pupillorum obtinet. Item et nominatores; quod in municipiis curatores ipsi successores suos præponerent; et ita curatorum ipsorum intererat, viros quos nominabant, idoneos esse. Sin autem is qui a principio idoneus erat, finito magistratu, solvendo non sit, in nominatorem actio non datur, quia fortuitos casus nullum humanum consilium providere potest; curator hoc nomine nihil præstare debet. Itaque multo magis in eum qui successorem suo periculo nominavit, si finito magistratu successor idoneus fuit, actionem dari non oportet.

Non tenentur etiam fidejussores, qui pro administratore reipublicæ fidejusserunt; nisiquatenus in sol-

vendo non esset. Et quidem, si pro magistratu fidejussor interrogatus, pignora quoque specialiter dedit,
in eum casum pignora videntur data, quo recte conve-
nitur; videlicet postquam res ab eo servari non potuerit, pro quo intercessit.

Sed nec de omnibus tenentur fidejussores et nominatores de quibus ipse administrator teneri potest;
enimvero fidejussores qui salvam rempublicam fore
responderunt et qui magistratus suo periculo nomi-
nant, pœnalibus actionibus non astringuntur, in quas
inciderunt hi prosquibus intervenerunt. Hoc enim
damnum reipublicæ talis est, quod promitti videtur.

Fidejussores et nominatores profecto, ut supra dic-
tum est accedunt quidem obligationi quæ ex administratione magistratus nascitur : non illi qua magistratus
se devinxit, successorem tibi nominando.

Nominati successoris periculum fidejussorem nomi-
nantis non tenet.

Nunc quatenus collega obligationi collegæ accedat
videamus. Magistratus municipales, quum unum magistratum administrent, etiam unius hominis vicem
sustinent; et hoc plerumque quidem lege municipali
eis datur; verum etsi non sit datum, dummodo non
denegatum, moribus competit. Magistratuum officium
individuum est et periculum commune.

Quod sic intelligi oportet, ut ita demum collegæ
periculum adscribatur si neque is qui gessit, neque hi
qui pro eo intervenerunt res servare possint, nec solvendo fuerint, honore deposito. Sed antequam conveniatur collega. placuit priorem conveniendum, fide-

jussoris exemplo, qui magistratum periculo suo nominavit : nec ei contra nominati collegam actionem dari
utilem oportet.

Si alter ex magistratibus toto anno abfuerit, præ-
sensve negotia reipublicæ non gesserit, dum omnia collega solus administraret, primum, si res tota servari
non potuerit qui administravit conveniendus est, et
qui pro eo caverunt, in solidum; mox peractis omnibus, periculum agnoscat qui non idoneum nominavit ;
postremo alter ex magistratibus qui reipublicæ negotiis
se non immiscuit.

Observandum est jus reipublicæ pacto mutari non
posse, quominus magistratus collegæ nomine conve-
niuntur in his speciebus, in quibus id fieri lex permisit.

Circa eos autem quibus aliqua reipublicæ administratio sine honore concessa est, ita distinguendum : si
pro indiviso nominati fuerunt, ita ut unusquisque
eorum periculo solidatis videatur obstrictus, uterque
excutiendus est, priusquam nominatur conveniatur. Si
vero, separatis portionibus his munus concessum est,
prius pro portione conveniantur qui id munus adminis-
traverunt deinde, fidejussores et nominator, postremo
tandem particeps muneris, si intervenire et prohibere
eum potuit.

Quum duobus in solidum administratio data est,
quamvis eam inter se diviserint, alter pro altero indis-
tincte tenetur : prior tamen, exemplo tutorum conve-
nienduest is qui gessit.

Observandum est autem, hanc obligationem qua tu
pro collega teneris. non ad ea porrigi quæ post mortem

tuam gessit. Nec ille saltem pro collegis minus tenetur qui se nonmiscuerit et in aliena potestate fuerit.

Administrator reipublicæ erga collegam obligatur quatenus collega pecuniam in commune munus impendit. Quod depensum pro collega in magistratu probabitur, solvi et ab heredibus ejus provinciæ præses jubet. Et actio quæ propterea in collegam decerni solet ei qui pro altero dependit ex æquitate competit.

De alienatione rerum ad civitates pertinentium.

Administratoris potestatem et officium excedit alienatio rerum civitatis.

Ex constitutione tamen Leonis si quæ ædificia, annonæ civiles, mancipia, ad civitatem titulo hereditatis, aut legati pervenerint, possunt distrahi præsentibus et consentientibus plurima parte curialium et honoratorum. Res autem utriusque Romæ, nonnisi ex principis autoritate distrahi debent.

DROIT FRANÇAIS

DE LA DISTINCTION DES BIENS
Articles 516 à 543.

Au point de vue du droit les biens sont les choses qui peuvent procurer à l'homme une utilité, une jouissance exclusive, les choses susceptibles en un mot de tomber sous sa propriété.

L'utilité étant le caractère distinctif des biens, il s'ensuit que pour les apprécier nous nous attachons bien moins à leur nature physique qu'au genre de service que nous pouvons en tirer. Ce n'est pas à dire que la science du droit ne tienne absolument aucun compte des éléments matériels des choses.

Nous avons la preuve du contraire dans notre titre même qui distingue les biens, qui, par leur nature, sont transportables et ceux qui ne peuvent être matériellement déplacés. Mais ce qui caractérise un bien en droit c'est ce qui le rend spécialement propre à un certain usage ou à une destination déterminée.

Cette distinction entre la substance juridique et la

substance physique d'une chose doit être faite surtout
dans le cas de perte, car il peut arriver que la chose
considérée au point de vue juridique ait totalement
péri et que néanmoins elle existe encore envisagée au
point de vue physique.

Cette remarque présente une certaine importance,
notamment en matière de legs (art. 1042).

L'ensemble des biens d'une personne constitue son
patrimoine.

Ses biens sont de plusieurs espèces.

Il en existe plusieurs classifications basées sur les
différences que nous trouvons soit entre leurs éléments
physiques, soit entre leur nature juridique. Les différentes classes des biens étant régies par des règles di-
verses, ces distinctions ont la plus grande importance
pratique.

Le Code, dans le titre *de la Distinction des Biens*,
ne renferme aucune classification méthodique et com-
plète. Il s'occupe d'abord des biens considérés en eux-
mêmes d'après la nature qui leur est propre ou qui
leur est attribuée par la loi ; en second lieu, il traite
des biens considérés dans leurs rapports avec ceux qui
les possèdent ou mieux avec ceux qui en sont propriétaires.

Considérés en eux-mêmes, les biens sont divisés en
meubles et immeubles.

Quoique le Code ne mentionne spécialement que
cette différence, il en reconnaît d'autres qui résultent
de la nature des choses et auxquelles il se réfère en

beaucoup d'endroits : nous nous occuperons d'abord de ces dernières.

1° Les biens sont corporels ou incorporels. Sont corporels ceux qui ont une existence matérielle, *quæ tangi possunt.* Sont incorporels ceux qui ne peuvent être perçus que par l'intelligence, *quæ tangi non possunt.*

Tous les droits sont des biens incorporels. Cependant par suite d'une confusion on a compris les droits de propriété parmi les biens corporels. L'usufruit et les servitudes sont des biens incorporels, et la propriété dont ils ne sont que des fractions est un bien corporel. Les parties sont donc d'une autre nature que le tout ?

Cette anomalie ne peut s'expliquer qu'historiquement.

Le droit de propriété absorbant toute l'utilité de la chose, a pu se confondre avec la chose elle-même; aussi disait-on ma maison, mon cheval, au lieu de dire : j'ai un droit de propriété sur cette maison, ce cheval. Les Romains avaient fini par confondre les droits avec son objet, et cette confusion passée du droit romain dans notre ancien droit, a été également reproduite par notre Code.

La même confusion ne pouvait se reproduire pour les autres droits réels. Les démembrements du droit de propriété, en effet, divisés en plusieurs personnes ont toujours dû être envisagés distinctement parce que le droit de l'une se trouve forcément limité par celui de l'autre. Toute l'utilité de la chose qui en est l'objet

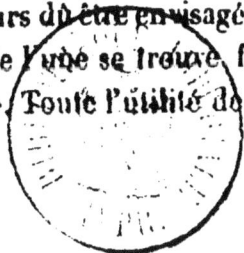

2

ne se trouvant pas absorbée par un seul de ces droits, on ne pouvait les confondre avec cette chose elle-même.

2° Il y a les biens dont on ne peut se servir sans les consommer et ceux qui ne consomment pas.

Les derniers peuvent seuls être l'objet d'un véritable usufruit (art. 587). On distingue la consommation naturelle et la consommation civile.

3° Les biens sont fongibles ou non fongibles. Les choses fongibles sont celles qui peuvent être exactement remplacées les unes par les autres, *quarum una vice alterius fungitur.*

Les choses non fongibles sont celles qui ne peuvent pas être remplacées les unes par les autres. Nous ferons observer que c'est bien plutôt l'intention des parties que la nature même des choses qui leur imprime le caractère de choses fongibles. Les choses fongibles sont seules susceptibles de devenir l'objet d'une compensation.

Les choses non fongibles seules peuvent être l'objet du prêt à usage, et les choses fongibles du prêt de consommation.

4° La distinction des choses en principal et accessoires est fondée sur la relation de dépendance qui peut exister entre deux choses, dont l'une considérée comme une partie subordonnée de l'autre, en suit le sort et la condition.

La distinction des biens la plus importante, la seule dont s'occupe spécialement le Code, est celle qui les divise en meubles et immeubles. Les immeu-

bles sont les biens qui ne peuvent pas être transportés
d'un lieu à un autre, *quæ non moveri possunt.*

Les biens meubles sont ceux qui sont susceptibles
de se déplacer (*res se moventes*) ou d'être déplacés (*res
mobiles*).

La loi considère encore comme immeubles des objets mobiliers de leur nature qui se rattachent par
leur destination à un immeuble dont ils deviennent
l'accessoire. Enfin, pour que la distinction fût com-
plète, on a attribué même aux choses incorporelles le
caractère de meubles ou d'immeubles, selon que leur
objet est mobilier ou immobilier.

Cette distinction des biens en meubles et immeubles domine toute la matière ; d'une importance ca-
pitale dans l'ancien droit, elle donne encore lieu
aujourd'hui dans notre législation à de nombreuses et
importantes applications.

Ainsi, pour ne citer que quelques exemples : les
immeubles peuvent seuls être hypothéqués. L'aliénation des meubles est plus facile que celle des immeubles. Les pouvoirs du tuteur et du mari sont différents
selon qu'ils s'appliquent aux meubles ou aux immeubles.

En matière de prescription, les règles ne sont pas
les mêmes. Sous le régime de la communauté, tous les
meubles tombent dans la communauté, tandis que les
immeubles restent propres aux époux.

Les droits d'enregistrement sont parfois plus élevés
pour les immeubles que pour les meubles.

I. — DES IMMEUBLES.

L'article 517 divise les biens immeubles en trois classes : immeubles par leur nature, immeubles par leur destination, immeubles par l'objet auquel ils s'appliquent.

I. — *Immeubles par leur nature.*

Sont immeubles par leur nature :

1° Les fonds de terre et les bâtiments. Les premiers sont les immeubles par excellence ; les seconds ne deviennent immeubles par nature que par leur incorporation matérielle et leur adhérence physique au sol ;

2° Les moulins à vent ou à eau fixés sur piliers ou faisant partie du bâtiment ;

3° Les récoltes pendantes par les racines et les fruits des arbres non encore recueillis.

C'est leur union avec le sol qui produit leur immobilisation, d'où il suit nécessairement que, dès que cette union vient à cesser, ils deviennent meubles.

Aussi, dit l'article 520 : « Dès que les grains sont coupés ou les fruits détachés, quoique non enlevés, ils sont meubles. Si une partie seulement de la récolte est coupée, cette partie seule est meuble. »

A première vue, ces deux dernières dispositions peuvent paraître superflues, car elles semblent n'avoir d'autre but que de consacrer le principe déjà énoncé par la loi ; mais elles ont leur juste raison d'être, si l'on se reporte aux anciennes coutumes qui, dans certaines localités, déclaraient meubles les foins à la mi-mai, les blés à la Saint-Jean, les raisins au mois de septembre.

Dans le Berri, au contraire, les blés et les foins étaient encore immeubles, tant qu'ils restaient couchés sur leur terre nourricière.

Le Code de procédure a conservé un vestige de ces anciennes coutumes dans la saisie-brandon, qui permet au créancier, sans saisir le sol ni remplir les formalités prescrites pour la saisie des immeubles, de saisir, comme objets mobiliers, dans les six semaines qui précèdent leur maturité, les récoltes encore pendantes par branches ou par racines.

5° Les tuyaux servant à la conduite des eaux dans une maison ou dans un héritage.

La place occupée par l'article 523 pourrait faire croire que les tuyaux sont immeubles par destination, et c'est en effet ce qu'enseignent quelques auteurs ; mais la rédaction de cet article, qui s'exprime dans les mêmes termes que l'article 518, doit l'emporter, selon nous, sur la place qu'il occupe.

En effet, si ces tuyaux sont une partie du fonds, ils participent à la nature du fonds lui-même ; or, ce fonds, sol ou construction, est toujours un immeuble par nature.

De plus, ce qui est immeuble seulement par destination doit avoir été placé sur le fonds par le propriétaire, et l'article 523 ne mentionne pas cette condition exigée par les articles 522, 524 et 525, et enfin l'opi-

nion contraire rendrait cet article complétement inutile ; il eût suffi de le comprendre dans l'article 524.

II. — *Des biens immeubles par destination.*

Les biens immeubles par destination sont des objets
mobiliers placés par le *propriétaire* dans la dépendance
perpétuelle de l'immeuble qu'ils servent à exploiter
ou à orner.

Deux conditions sont nécessaires pour que des
meubles deviennent immeubles par destination : il
faut que les meubles aient été placés sur le fonds par
le propriétaire de ce fonds et qu'il les y ait placés
avec l'intention de les attacher à perpétuelle demeure.

La première condition résulte et du texte de la loi
et de la nature même des choses.

Il n'y a en effet que le propriétaire chez lequel on
puisse présumer la volonté d'attacher ainsi un objet à
son fonds de manière à en faire l'accessoire.

Un locataire ou tout autre ne pourrait avoir cette
volonté qu'avec l'intention de faire une libéralité au
propriétaire. Or, personne n'est présumé donner. Le
possesseur de l'immeuble à titre de propriétaire doit
être assimilé à celui-ci en cette matière, peu importe
sa mauvaise foi.

Il n'en est pas de même, à notre avis, de l'usufruitier qui n'a qu'un droit temporaire.

Il faut, de plus, que le propriétaire place ces objets
sur son fonds avec l'intention d'en faire des dépen-
dances perpétuelles du fonds.

Mais comment reconnaître si le propriétaire a eu cette intention ou non ? C'est là toute la difficulté de la matière.

L'intention du propriétaire d'attacher des objets mobiliers à son fonds, de façon à les immobiliser, peut se constater de deux manières :

Par le rapport purement moral qu'établit le propriétaire entre l'héritage et les objets affectés à son exploitation ;

Ou par l'attache, le scellement matériel qui les unit au fonds.

De là, deux classes d'immeubles par destination :

La première classe comprend les objets mobiliers que le propriétaire d'un fonds y a placés pour le service et l'exploitation de ce fonds.

Tels sont :

1° Les animaux que le propriétaire livre au fermier ou au métayer pour la culture, estimés ou non, tant qu'ils demeurent attachés au fonds par l'effet de la convention (522).

Par animaux attachés à la culture, il faut entendre non pas seulement les animaux employés au labourage, mais tous ceux qui remplissent une fonction quelconque dans l'exploitation du fonds, comme les moutons, les vaches. Le fermier est le locataire d'un domaine rural qui exploite moyennant une redevance fixe; le métayer ou colon partiaire est celui qui cultive sous la condition d'un partage de fruits avec le bailleur.

L'article 522 prévoit le cas où le propriétaire, ne cultivant pas son fonds lui-même, a livré les animaux à son fermier ou métayer : l'article 524 suppose qu'il les a placés sur le fonds qu'il fait valoir lui-même, autrement il ne serait qu'une inutile répétition de l'article 522.

Dans le premier cas l'intention du propriétaire d'attacher les animaux à l'exploitation du fonds n'est pas douteuse; dans le second elle est seulement présumée et par suite plus difficile à reconnaître.

Et d'abord il faut nécessairement, dans la seconde hypothèse comme dans la première, qu'il s'agisse d'animaux nécessaires à l'exploitation du fonds. Nous croyons qu'il faut une seconde condition : que le propriétaire soit présumé, d'après l'usage du pays, avoir voulu placer ces animaux à perpétuelle demeure sur son fonds.

Nous ne considérons pas comme immeubles par destination les animaux achetés et placés sur un fonds pour y être engraissés. Ils servent, il est vrai, à l'exploitation du fonds, mais ils ne sont placés sur ce fonds que temporairement et on ne peut dire d'eux qu'ils sont attachés à sa culture.

2° Les ustensiles aratoires.

3° Les semences données par le propriétaire au fermier ou au colon partiaire, tant qu'elles n'ont pas été employées ; à partir de cette époque elles sont immeubles par leur nature.

4° Les pailles et engrais. Si le propriétaire était dans l'usage de les vendre, ces objets seraient meubles et n'appartiendraient pas à l'acheteur en cas de vente du fonds.

5° Les pigeons des colombiers, les lapins des garennes et les poissons des étangs.

Ces objets ne sont pas l'objet direct de la propriété de l'homme; ils ne lui appartiennent que si on les considère comme formant un seul tout avec sa garenne, son étang ou son colombier. On est propriétaire d'un étang empoissonné, dit Pothier, d'une garenne peuplée de lapins ou d'un colombier peuplé de pigeons, plutôt qu'on ne l'est du poisson, des lapins ou des pigeons qui y sont. Faisant ainsi partie d'un immeuble, ces animaux en suivent la condition. Au contraire, les pigeons d'une volière, les lapins d'un clapier, les poissons d'un réservoir qui sont possédés directement par nous sont meubles, comme les animaux domestiques.

6° Les ruches à miel.

Pothier considérait les abeilles comme meubles, parce qu'elles font partie d'une ruche, objet mobilier; d'autres auteurs les déclaraient immeubles, comme étant sauvages de leur nature. Le Code déclare les ruches à miel immeubles, mais toujours à la condition qu'elles aient été placées par le propriétaire pour l'exploitation de son fonds.

7° Les pressoirs, chaudières, alambics, cuves et tonnes; les ustensiles nécessaires à l'exploitation des forges, papeteries et autres usines. De ce qui précède, il résulte que si ces objets sont placés sur le fonds par le preneur, il faut les considérer comme des meubles. La loi accorde la même protection à l'industrie qu'à l'agriculture.

Aucune adhérence matérielle au fonds n'est exigée, mais il faut qu'il existe un bien immeuble par sa nature, qui soit le siége ou plutôt le principal moyen et l'instrument essentiel de l'industrie, de sorte que ces objets en soient véritablement des accessoires nécessaires.

Ces objets doivent être attachés non pas à un bâtiment quelconque, mais à un bâtiment construit et disposé pour l'exploitation de l'industrie.

La seconde classe d'immeubles par destination comprend tous les effets mobiliers que le propriétaire a attachés à son fonds à perpétuelle demeure. La destination résulte ici de l'intention du propriétaire manifestée par l'union matérielle des objets au fonds.

Article 525. Le propriétaire est censé avoir attaché à son fonds des effets mobiliers à perpétuelle demeure quand ils y sont scellés en plâtre ou à chaux ou à ciment, ou lorsqu'ils ne peuvent être détachés sans être fracturés ou détériorés, ou sans briser ou détériorer la partie du fonds à laquelle ils sont attachés.

Le même article nous donne des exemples d'effets qui, sans remplir les mêmes conditions, sont réputés placés à perpétuelle demeure et par conséquent rangés dans la classe des immeubles par destination. Tels sont : 1° les glaces dont le parquet fait corps avec la boiserie, bien qu'on puisse les enlever de leur cadre sans aucune fracture ni détérioration; 2° les tableaux et autres ornements.

Le Code entend parler ici des tableaux qu'on plaçait autrefois dans la boiserie au-dessus des portes.

3° Les statues placées dans une niche pratiquée ex-
près pour les recevoir, encore qu'elles pussent être
enlevées sans fracture ni détérioration.

Les statues placées sur un piédestal en maçonnerie
sont également immeubles par destination. La grande
difficulté de cette matière est de savoir à quel signe se
rattacher pour distinguer entre les différentes parties
d'un bâtiment celles qui sont immeubles par leur
nature et celles qui sont immeubles par destination.

Selon nous, il faut comprendre sous la dénomina-
tion de bâtiment, parmi les immeubles par nature,
outre les murs qui composent le bâtiment, les accessoires qui sont tellement de son essence qu'en leur absence il resterait incomplet.

Ainsi sont immeubles par leur nature les portes, les
fenêtres, les contrevents, les boiseries, les cloisons,
les alcôves; les râteliers d'une écurie, avec les ser-
rures, crochets, verrous, et même les volets mobiles
d'une boutique et les clefs. Nous considérons comme
immeubles par destination toutes les pièces qui ne se
confondent pas avec le bâtiment et qui ne forment pas
avec lui un seul tout, bien qu'elles soient scellées en
plâtre à chaux ou à ciment.

III. — *Des biens immeubles par l'objet auquel ils s'appliquent.*

Cette classe d'immeubles comprend les droits qui
ont pour objet des immeubles. A proprement parler,

un droit n'est ni un meuble ni un immeuble, puisque c'est une chose immatérielle, une abstraction; mais le Code s'attachant non pas au droit lui-même, mais à l'objet qui lui donne naissance, déclare immeubles les droits qui ont un immeuble pour objet.

L'article 526 range parmi les immeubles :

1° L'usufruit des choses immobilières : le mot usufruit doit être entendu dans un sens large; il comprend le droit d'usage et le droit d'habitation;

2° Les servitudes ou services fonciers;

3° Les actions qui tendent à revendiquer un immeuble.

Les actions personnelles immobilières sont devenues fort rares depuis que le Code a introduit le principe de la translation de propriété par le seul effet de la convention.

Autrefois le contrat ne rendait pas l'acheteur propriétaire : celui-ci n'acquérait qu'un droit personnel, celui de devenir propriétaire par la tradition; il n'avait donc pas une action en revendication. Aujourd'hui la convention le rend, par elle-même, propriétaire, indépendamment de toute tradition; l'acheteur acquiert dès lors une action réelle immobilière, une action en revendication.

Il se peut cependant que la propriété ne soit pas transférée par l'effet du contrat : ainsi, lorsque je me suis engagé à livrer tant d'hectares à prendre dans tel département, on n'a contre moi qu'une créance, un droit personnel ayant pour objet un immeuble : or, bien que l'article 526 ne mentionne pas cette nature de droit, on ne doit pas hésiter à les ranger dans la classe des droits immobiliers.

Lorsque de deux choses dues sous une alternative, l'une est mobilière, l'autre immobilière, le caractère de l'action reste en suspens jusqu'au paiement. Le caractère de l'obligation facultative n'est jamais incertain ; une seule chose, en effet, est *in obligatione*, l'autre est *in facultate solutionis*.

IV. — *Biens immeubles par la détermination de la loi.*

Cette classe d'immeubles n'est pas mentionnée dans le Code : ce sont des biens mobiliers par l'objet auquel ils s'appliquent, que des décrets ont permis d'immobiliser en remplissant certaines formalités. Les décrets des 16 janvier et 1er mars 1808, et celui du 16 mars 1810 n'exigent pour l'immobilisation des actions de la Banque de France, des rentes sur l'État et des actions des Compagnies d'Orléans et du Loing que la déclaration dans les formes voulues pour les transferts.

Les rentes et actions immobilisées sont régies par les lois qui gouvernent les immeubles ; ainsi elles peuvent être hypothéquées, faire l'objet d'une expropriation forcée et être acquises en remploi du prix d'immeubles dotaux aliénés.

II. — DES MEUBLES.

Il y a deux espèces de meubles : les meubles par leur nature et les meubles par détermination de la loi.

I. — *Des biens meubles par leur nature.*

Les meubles par leur nature sont ceux qui peuvent se transporter d'un lieu à un autre, soit qu'ils se meuvent par eux-mêmes comme les animaux, soit qu'ils ne puissent changer de place que par l'effet d'une force étrangère, comme les choses inanimées.

Dans les articles 531 et 532, le Code fait l'application de la définition qu'il donne des meubles à certains objets que l'ancienne jurisprudence déclarait immeubles, soit à raison de leur importance, soit à raison de leur destination future.

L'article 531 porte que la saisie de certains objets mobiliers, bateaux, bacs, navires, moulins, bains sur bateaux, peut, à cause de leur importance, être soumise à des formes particulières. Ces formes sont réglées par les articles 620 du Code de procédure, 197 et suivants du Code de commerce.

Aux termes de l'article 532, les matériaux provenant de la démolition d'un édifice, ou ceux assemblés pour en construire un nouveau, sont meubles, jusqu'à ce qu'ils aient été employés par l'ouvrier dans une construction ; néanmoins, ceux qui ne sont que mo-

mentanément séparés de l'édifice pour cause de réparations, ne cessent pas d'être immeubles.

II. — *Des biens meubles par la détermination*
de la loi.

Il s'agit ici des droits ou actions qui tendent à un
meuble corporel, qui sont meubles par l'objet auquel
ils s'appliquent.

Sont meubles par la détermination de la loi :

1° Les obligations ou actions qui ont pour objet des
sommes exigibles ou des effets mobiliers ;

2° Les actions ou intérêts dans les Compagnies de
finances, de commerce ou d'industrie, encore que des
immeubles dépendant de ces entreprises, appartiennent
aux Compagnies.

Les actions ou intérêts sont réputés meubles à
l'égard de chaque associé seulement, tant que dure la
société.

L'intérêt dans une société est le droit d'un associé
de participer aux bénéfices que fait la société, tant
qu'elle dure, et de prendre sa part dans le fonds
social, lorsqu'elle sera dissoute.

L'intérêt prend le nom d'action, quand le capital
social a été divisé en un certain nombre de parties
égales qui forment chacune une part d'associé. Cette
division du capital par parts égales a l'avantage de
rendre plus facile la cession des actions et le calcul
des dividendes. Il existe néanmoins une différence ca-
pitale entre l'intérêt et l'action : l'action est cessible,

tandis que l'intérêt ne peut être cédé, l'intéressé étant personnellement responsable.

Les actions ou intérêts dans une société commerciale sont meubles, même lorsque des immeubles dépendent de l'entreprise. Cette disposition repose sur un principe d'une grande importance, celui de la personnalité des sociétés. La société forme une personne morale : les immeubles appartiennent donc à la société au lieu d'appartenir par indivis aux différents associés, en sorte que les créanciers de la société ne craindront pas le concours sur le fonds social des créanciers personnels de chaque associé.

La dissolution de la société en même temps qu'elle fait disparaître la personne morale, change, lorsqu'il y a des immeubles, la nature du droit des associés.

Ce droit devient immobilier pour une part corrélative à la quotité d'immeubles que comprend le capital social : la propriété des immeubles a passé de la société aux associés. Si la société existait encore lors du mariage d'un associé, l'action ou l'intérêt de l'associé commun en biens tombe dans la communauté, qui, plus tard, aura seul droit au partage du fonds social. Si la société était dissoute auparavant, les meubles que le partage attribuera à l'époux commun en biens tomberont seuls, selon nous du moins, dans la communauté. C'est une question célèbre et vivement controversée que de savoir si les sociétés civiles constituent comme les sociétés commerciales des personnes morales distinctes des associés. Sans entrer dans la discussion de cette question, nous dirons seulement que la négative paraît plus généralement admise.

3° Les rentes perpétuelles ou viagères, soit sur l'État, soit sur les particuliers.

Une rente est le droit d'exiger des prestations périodiques, soit à perpétuité, soit pendant la vie d'une personne déterminée, lesquelles représentent les revenus du capital aliéné et non exigible.

Les revenus de la rente s'appellent arrérages par opposition aux intérêts d'une simple créance. Il est donc naturel de placer les rentes parmi les meubles.

Cependant il en était autrement dans l'ancien droit, qu'il nous faut d'abord étudier pour comprendre les importantes modifications du Code en cette matière.

On distinguait autrefois les rentes foncières et les rentes constituées qui se subdivisaient en rentes perpétuelles et en rentes viagères.

La rente foncière résultait du contrat de bail à rente. Par ce contrat, le bailleur cédait à l'autre partie un immeuble sous la réserve d'une rente qu'il retenait absolument comme il aurait retenu une servitude.

La rente foncière représentait donc une partie non aliénée de l'immeuble : elle était immobilière.

N'ayant pas été vendue par le preneur, mais retenue par le bailleur, elle n'était pas rachetable, le rachat ayant dans ce cas constitué une véritable expropriation.

La faculté de racheter pouvait être accordée au pre-

neur par une clause expresse, et, comme un propriétaire peut vendre son immeuble pour le prix qui lui
convient, le bailleur pouvait mettre au rachat les conditions les plus dures.

A moins que le contrat ne renfermât la clause de
fournir et faire valoir, la rente foncière n'était point
une dette personnelle ; le preneur n'était tenu des arrérages qu'en qualité de possesseur du fonds grevé de
la rente, et il lui suffisait pour se libérer de vendre le
fonds à un autre détenteur qui était tenu à son tour,
ou d'en faire le déguerpissement.

L'Église, dans l'ancien droit, considérait le prêt à
intérêt comme prohibé.

La jurisprudence en fit une règle de droit.

Cette prohibition, si elle ne le fit pas naître, donna
au contrat de constitution de rente des caractères particuliers et une grande importance.

Pour échapper à cette prohibition l'emprunteur ven-
dait au prêteur moyennant un prix en argent (la somme
empruntée) le droit d'exiger de lui des arrérages à perpétuité.

Le vendeur se réservait la faculté de racheter la
rente quand il le voudrait ; il n'y avait donc là qu'un
contrat de vente à réméré. Les lois nouvelles, en per-
mettant le prêt à intérêt, ont rendu fort rares les con-
stitutions de rentes perpétuelles entre les particuliers.

Déjà, dans l'ancien droit, comme beaucoup de propriétaires de maisons grevées de rentes qui en absor-
baient les revenus, les laissaient tomber en ruines,

une ordonnance de Charles VII (1441) autorisa le rachat des rentes foncières existant sur les maisons de villes.

L'Assemblée nationale, par la loi du 4 août 1789, déclara rachetables toutes les rentes foncières perpétuelles. Une loi postérieure leur conservait formellement le caractère d'immeubles.

La loi du 11 brumaire an VII déclara qu'elles ne pourraient plus être hypothéquées, et la Cour de cassation jugea plusieurs fois que cette disposition les avait implicitement rendues mobilières.

Enfin, l'article 529 du Code dispose en termes formels que les rentes sont meubles.

Longtemps après la rédaction de l'article 529, le Conseil d'État rechercha s'il convenait de rétablir l'usage des rentes foncières; mais c'est alors que fut inséré dans le Code l'article 530, qui porte que toute rente établie à perpétuité pour le prix de la vente d'un immeuble est essentiellement rachetable.

A l'égard de la rente constituée, les innovations du Code ne sont pas moins grandes ; il lui rend son vrai caractère : l'article 529 la déclare meuble, et il en est traité sous la rubrique du prêt à intérêt.

Il existe encore cependant entre les rentes constituées moyennant l'aliénation d'un immeuble et les autres rentes des différences assez importantes.

La première dérive de ce que l'aliénateur d'un immeuble peut mettre à son consentement les conditions de prix ou autres que bon lui semble, tandis qu'un prêteur d'argent ne peut stipuler un intérêt supérieur au taux fixé par la loi.

Le crédi-rentier, aux termes de l'article 530, peut stipuler que la rente ne pourra lui être remboursée qu'après trente ans; quand il s'agit de rente constituée moyennant un capital mobilier, cette stipulation ne vaut que pour dix ans (art. 1911).

La rente établie moyennant l'aliénation d'un immeuble est garantie par un privilége sur l'immeuble, et elle est rescindable pour cause de lésion de plus des sept douzièmes.

Le créancier d'une rente constituée moyennant l'aliénation d'un immeuble peut exiger, selon nous du moins, la résolution, par cela seul que le débiteur a manqué de payer les arrérages d'une année.

Ces différences montrent l'importance qu'il y a à distinguer les rentes auxquelles s'applique l'article 530.

Ce sont les rentes établies à perpétuité pour le prix de la vente d'un immeuble ou comme condition de la cession à titre onéreux ou gratuit d'un fonds immobilier.

L'article 529 nous parle encore de la rente viagère. C'est le droit d'exiger pendant un certain temps, ordinairement la vie du créancier, les intérêts d'un capital qui n'est ni exigible, ni remboursable.

Deux remarques importantes sont à faire sur les rentes viagères :

1° La constitution d'une rente viagère est un contrat essentiellement aléatoire ; il en résulte les conséquences suivantes :

Le créancier peut stipuler des arrérages supérieurs au taux légal.

L'aliénation d'un immeuble, moyennant une rente viagère, n'est pas rescindable pour cause de lésion des sept douzièmes.

Le défaut de payement des arrérages ne peut entraîner la résolution du contrat.

Enfin ces rentes ne sont pas rachetables.

4° Sont encore meubles les offices, les fonds de commerce, la propriété littéraire et artistique, les droits et priviléges attachés aux brevets d'invention.

III. — *Des biens dans leurs rapports avec ceux qui les possèdent.*

Les biens peuvent appartenir soit à des particuliers, soit à des personnes collectives ou publiques.

Le Code civil ne s'occupe que des premiers; les seconds sont régis par les lois administratives.

Les particuliers ont liberté pleine et entière dans la gestion et l'administration de leurs biens, sauf le cas d'interdiction, de minorité, d'aliénation mentale et de prohibition de la loi.

Il faut remarquer l'expression large qu'emploie l'article 537, « les biens qui n'appartiennent pas à des particuliers. » On a voulu laisser entière la question de savoir si les établissements publics autorisés pouvaient être propriétaires.

Dans les articles qui suivent, le Code ne nous parle

que de deux personnes publiques, l'État et la commune.

, Des actes législatifs postérieurs ont reconnu l'aptitude légale d'acquérir, et par suite le caractère des personnes morales aux hospices, aux établissements universitaires (décret du 17 mars 1808), aux établissements ecclésiastiques (ordonnance du 2 janvier 1817, loi du 24 mai 1825). Ces établissements publics ne peuvent avoir des biens qu'autant qu'ils ont été créés ou autorisés par l'État dans un but d'utilité générale. La gestion de ces biens est soumise à des règles particulières.

Un décret du 9 avril 1811 et surtout la loi du 10 mai 1838, article 10, reconnaissent au département le caractère de personne morale. En général les immeubles qui appartiennent aux départements, à la différence de ceux qui appartiennent aux communes, ne produisent pas des revenus, mais sont affectés à des services publics.

Des biens de l'État.

Les biens de l'État sont de deux sortes : on distingue 1° Le domaine public qui comprend les biens affectés par une destination spéciale et permanente à l'intérêt général du pays, à sa sûreté, à ses moyens de défense, au développement de ses relations commerciales;

2° Le domaine privé de l'État dans lequel rentrent les biens qui pourraient également appartenir à des particuliers.

Le domaine public, à vrai dire, n'est pas suscep-
tible de propriété dans le sens exact du mot; sa destination est tellement liée à l'intérêt général qu'elle
est incompatible avec une appropriation privée : aussi
est-il inaliénable et inprescriptible. Les biens qui,
n'étant pas destinés à un usage public, sont dans le
patrimoine de l'Etat, comme dans le patrimoine d'un
particulier, peuvent être aliénés et prescrits. La destination de ces biens est de produire des revenus qui
pourvoient aux dépenses publiques dans une certaine
mesure. Leur augmentation qui, du reste, présente
fort peu d'avantage, tendrait à la suppression des
impôts.

Cette distinction du domaine public et du domaine
privé n'apparaissait pas clairement dans les lois de
1790. Aussi en est-il résulté une certaine confusion,
soit dans la rédaction de notre chapitre, soit dans
l'ordre de ces articles que nous aurons à rectifier.

Font partie du domaine public :

1° Les chemins, routes et rues à la charge de l'Etat.
Ces derniers mots tranchent la question de savoir à
qui appartiennent les chemins vicinaux et les rues
des villes, autres que celles qui font partie des
grandes routes. Ces chemins et rues appartiennent aux
communes;

2° Les fleuves et rivières navigables ou flottables.

Les rivières sont flottables, soit avec trains et ra-
deaux, soit à bûches perdues.

Celles qui ne sont flottables qu'à bûches perdues
ne font pas partie du domaine public.

Quant aux rivières non navigables ni flottables, elles appartenaient aux riverains.

3° Les rivages de la mer, les ports, les hâvres, les rades. D'après l'ordonnance de 1681 sur la marine, est réputé bord ou rivage de la mer tout ce qu'elle couvre et découvre pendant les nouvelles et pleines lunes, jusqu'où le plus grand flot de mars se peut étendre.

4° Les ports, les murs, fossés, remparts des places de guerre et des forteresses.

5° L'article 538 ajoute : « et généralement toutes les portions du territoire français qui ne sont pas susceptibles d'une propriété privée. »

On peut appliquer cette disposition aux canaux de navigation et aux chemins de fer, consacrés aussi à un usage public, bien qu'ils soient exploités par des Compagnies concessionnaires.

Les biens du domaine privé de l'État sont :

1° Les biens vacants et sans maître, et ceux des personnes qui décèdent sans héritiers ou dont les successions sont abandonnées.

L'article 539 range à tort ces biens dans le domaine public. Cette erreur fut commise en 1807, lors de la nouvelle édition du Code. Le mot nation que contenait l'ancien article, rappelait la République, souvenir gênant à cette époque.

2° Les biens qui faisaient partie du domaine public, lorsque leur affectation à un usage public vient à cesser, comme les terrains, fortifications et remparts des places, qui ne sont plus places de guerre.

3° Les lais et relais de la mer.

4° Les îles, îlots, atterrissements qui se forment dans le lit des fleuves ou rivières navigables ou flottables.

5° Les forges, fonderies, mines et forêts de l'État.

6° Le matériel des administrations.

7° Les navires de l'État, les armes et les chevaux de l'armée.

8° Les biens acquis par les modes ordinaires du droit civil : achats, donations entre-vifs ou testamentaires, prescriptions, etc.

Des biens des communes.

Les biens des communes se divisent en deux classes : le domaine public de la commune comprend les biens qui sont affectés à un service public, tels sont les rues, les chemins vicinaux, les églises, les cimetières et les mairies. Ces biens sont hors du commerce, inaliénables et imprescriptibles.

Les biens du domaine privé de la commune se divisent eux-mêmes en biens patrimoniaux et en biens communaux proprement dits.

Les premiers sont ceux qui, n'étant pas destinés à un service public, sont exploités, loués ou affermés au profit de la Caisse communale qui en perçoit les revenus.

Les biens communaux sont ceux dont la jouissance en nature est laissée aux habitants.

Les biens du domaine privé de la commune ne sont pas exclus du commerce, mais ils sont, quant à leur administration et leur aliénation, soumis à des règles particulières, qui rentrent dans le droit administratif et que nous aurons à étudier.

DROIT ADMINISTRATIF

**Des biens appartenant à la commune et des rè-
gles concernant leur administration et leur
aliénation.**

(Loi du 18 juillet 1837. — Loi du 24 juillet 1867.)

La commune est une association de personnes liées
entre elles par une communauté d'intérêts, nés de
leur rapprochement sur un même point du territoire.
Elle n'a pas été, comme le département, créée par la
loi ; le législateur n'a fait que reconnaître son existence, et règlementer son administration.

La commune n'est pas seulement une circonscription
administrative ; elle a une existence individuelle et des
intérêts qui lui sont propres, elle constitue une personne morale. En cette qualité, elle peut être propriétaire, créancière, débitrice.

La commune ne pouvant agir par elle-même, a
besoin d'être représentée par des agents ; ces agents
constituent le corps municipal, composé d'un maire,

d'un ou de plusieurs adjoints, et d'un conseil municipal.

Le maire est le magistrat placé par le gouvernement à la tête de chaque commune, comme délégué du pouvoir central et représentant des intérêts de la commune, dont il administre les biens avec le concours du conseil municipal.

Le maire a des fonctions dans l'ordre administratif et dans l'ordre judiciaire, car il est à la fois officier de l'État civil, officier de police judiciaire et juge de simple police.

Dans l'ordre administratif, le maire agit, soit comme représentant du pouvoir exécutif et comme organe des intérêts généraux, soit comme organe des intérêts communaux.

Nous n'aurons à l'étudier que sous ce dernier point de vue.

Le maire, comme représentant la commune, est chargé, sous la surveillance de l'autorité supérieure, de la conservation et de l'administration des propriétés communales, de la gestion des revenus, de la surveillance des établissements communaux ; il dirige les travaux, souscrit les marchés, passe les baux des biens de la commune et procède à l'adjudication de ses biens.

En un mot, le maire est le représentant de la commune au point de vue financier, au point de vue municipal, au point de vue judiciaire et dans tous les actes auxquels donne naissance l'administration de la commune.

Dans l'exercice de ces différentes attributions, il agit

tantôt seul, tantôt avec le concours et l'autorisation du Conseil municipal, et tantôt avec l'autorisation de l'administration supérieure.

Les conseillers municipaux, dont le nombre varie de vingt à trente-six, suivant l'importance de la population, sont élus par les habitants. Leur assemblée, qui se réunit quatre fois par an, est présidée par le maire, qui y a voix prépondérante.

La loi du 18 juillet 1837, dans ses dispositions relatives à l'administration des biens communaux, distinguait :

1° Les actes que les conseils municipaux peuvent faire seuls ;

2° Ceux pour lesquels ils n'ont qu'un droit de délibération exigeant l'autorisation de l'administration supérieure ;

3° Ceux pour lesquels ils ne donnent que leur avis ;

4° Et ceux pour lesquels ils ne peuvent émettre que des vœux.

Plusieurs dispositions de ces lois ont été modifiées par le décret de décentralisation du 25 mars 1852, qui se contente de l'homologation du Préfet dans beaucoup de cas dans lesquels l'homologation de l'autorité supérieure était exigée par la loi du 18 juillet 1837.

La loi du 24 juillet 1867, conçue dans un esprit de décentralisation différente, est venue augmenter les cas dans lesquels les conseils municipaux ont un pouvoir de décision propre, et soumettre à l'homologation d'un pouvoir plus rapproché certaines délibérations du conseil municipal.

Elle a modifié sous plusieurs rapports importants la loi du 18 juillet 1837, et le décret de décentralisation du 25 mars 1852, ainsi que nous aurons soin de le faire ressortir dans le cours de ce travail.

La commune, comme nous l'avons déjà vu, a un domaine public inaliénable et imprescriptible, et un domaine privé, qui comprend des biens patrimoniaux et des communaux.

Ces derniers biens sont d'ordinaire des bois et des pâturages dont la jouissance en nature est abandonnée aux habitants.

La commune a la pleine propriété de ces biens, les habitants n'ont, suivant nous, du moins, aucun droit réel sur ces biens, mais un simple droit de jouissance personnelle, et, ce qui le prouve, c'est qu'aux termes de l'article 17 de la loi du 18 juillet 1837, c'est le conseil municipal qui détermine, comme bon lui semble, le mode de jouissance des biens communaux; qu'il peut imposer à cette jouissance des conditions et des charges, qu'il peut affirmer les communaux et les affermer en biens patrimoniaux; ils peuvent même être vendus et, si des procès s'élevaient à l'occasion de ces biens, la commune seule serait en cause.

Il faut distinguer, au point de vue de l'administration, les biens patrimoniaux des communaux proprement dits. Aux termes de l'article 17 de la loi du 18 juillet 1837, les conseils municipaux règlent par leurs délibérations : 1° le mode d'administration des biens communaux ; 2° les conditions des baux à ferme ou à loyer dont la durée n'excède pas 18 ans pour les biens ruraux et neuf ans pour les autres biens.

L'expédition de la délibération du conseil municipal sur un de ces objets est adressée par le maire au sous-préfet qui en délivre récépissé.

La délibération est exécutoire, si dans les trente jours qui suivent la date du récépissé, le préfet ne l'a pas annulée, soit d'office pour violation d'une disposition de la loi ou d'un règlement d'administration publique, soit sur la réclamation de toute partie intéressée.

Le préfet ne pourrait donc pas annuler d'office une délibération réglementaire, par cela seul qu'elle est inopportune.

La loi de 1837, qui donnait aux particuliers le droit d'attaquer la délibération, n'exigeait aucune condition de publicité; l'ordonnance du 18 octobre 1838 a comblé cette lacune : un certificat, constatant que la délibération a été rendue publique, sera remis par le maire au sous-préfet en même temps que cette délibération elle-même.

Après l'expiration du délai de trente jours, le préfet conserve toujours le droit d'annulation pour l'avenir.

D'après l'article 19, 5°, le conseil municipal délibère sur les conditions des baux dont la durée excède 18 ans, et sur les baux de biens pris à loyer par la commune, quelle qu'en soit la durée.

Il s'agit ici d'une délibération ordinaire qui n'est

exécutoire qu'après approbation de l'autorité supérieure. La loi de 1837, exigeait une ordonnance royale,
depuis le décret du 25 mars 1852, l'autorisation du
préfet suffit.

Il y a donc deux sortes de baux : les uns considérés comme des actes d'administration, les autres
comme des actes d'aliénation.

Dans l'origine, on avait distingué entre les baux de
neuf ans, et ceux d'une plus longue durée.

Aujourd'hui, d'après la loi du 24 juillet 1867 sur
les conseils municipaux, la commune jouit de la même
faculté pour tous les baux, sans distinction, lorsqu'il
s'agit pour elle de consentir des baux comme propriétaire. Une circulaire ministérielle enseigne que les
articles 19, 20 et 47 de la loi de 1837 sont main-
tenus pour les baux consentis au profit des communes,
comme preneurs. Un arrêté du 7 prairial de l'an IX
exige, pour les baux à long terme, une enquête *de
commodo et incommodo.*

Le bail doit être adjugé aux enchères, l'acte en est
passé par le maire avec approbation du préfet.

Occupons-nous maintenant des communaux proprement dits.

Le conseil municipal règle, porte l'article 17, 3°, le
mode de jouissance et les répartitions des pâturages
et fruits communaux autres que les bois, ainsi que les
conditions à imposer aux parties prenantes ; 4° les
affouages, en se conformant aux lois forestières.

Les délibérations du conseil qui portent sur ce

objets sont exécutoires si, dans les trente jours, le préfet ne les a pas annulées.

Il peut y avoir différents modes de partage de la jouissance des biens communaux ; on peut concevoir un partage à raison des terres que possède chaque habitant ; un partage par tête ou enfin un partage par feu ou ménage. C'est ce troisième système qui, adopté par le code forestier, est étendu à tous les autres biens comme avant, s'il n'y a titres ou usages contraires. Le décret du 25 mars 1852 porte que le préfet statue sur le mode de jouissance en nature des biens communaux, quelle que soit la nature de l'acte primitif qui ait approuvé le mode actuel.

Pour participer à la jouissance en nature des biens communaux, il n'est pas nécessaire, selon nous du moins (argument art. 542), d'être Français, il suffit d'avoir son domicile dans la commune. Il ne s'agit pas ici du domicile dont parle la loi de 1793, qui s'acquiert par un an de résidence, mais du domicile que définit le code Napoléon.

Le droit aux communaux est incessible et insaisissable ; mais une fois la distribution faite, les habitants peuvent disposer de leurs parts comme bon leur semble.

L'article 17, de la loi de 1837, nous renvoie à l'article 105 du code forestier.

Aux termes de cet article, « s'il y a titres ou usages contraires, le partage des bois d'affouage se fera par feu, c'est-à-dire par chef de famille ou de maison, ayant domicile réel et fixe dans la commune : s'il n'y a

4

également titres ou usages contraires. La valeur des arbres délivrés pour constructions ou réparations sera estimée à dire d'experts et payée à la commune. » Cette seconde partie de l'article s'occupe du marronage ou du droit pour les habitants de prendre les bois nécessaires à leurs constructions ou réparations.

Pour régler la distribution des affouages, on doit donc d'abord s'en référer aux titres et aux usages. Pour les bois de chauffage, on peut les délivrer gratuitement aux habitants sans aucune injustice; il n'en est pas de même des bois de construction, car tous n'ont pas l'intention de construire.

Le seul avantage des habitants de la commune sur les bois de construction consiste dans un droit de préemption.

La loi de 1793, qui permettait le partage de la propriété des communaux entre les habitants, réglait la compétenc respective des tribunaux administratifs et des tribunaux judiciaires, pour les difficultés pouvant s'élever en cette matière.

Ce texte est encore en vigueur : toutes les questions de propriété et d'aptitude personnelle à la jouissance des communaux appartiennent aux tribunaux civils.

Les délibérations des conseils municipaux qui ont pour objet des acquisitions, des aliénations, des échanges, des partages, sont homologuées par les préfets, depuis le décret du 25 mars 1852. D'après la loi du 24 juillet 1867, l'homologation du préfet est encore nécessaire. Il faut pourtant excepter le cas où l'acquisition n'aurait pas une grande importance, c'est-à-

dire si la dépense totalisée avec celle des autres acquisitions déjà votées dans le même exercice, ne dépasse
pas le dixième des revenus ordinaires de la commune.

Quand il s'agit d'une acquisition d'immeubles, la
délibération du conseil municipal doit être précédée
d'une enquête *de commodo et incommodo* et d'une
expertise.

Le préfet nomme le commissaire qui recevra l'enquête. Les acquisitions d'immeubles que fait une
commune ne doivent avoir lieu que pour des services
publics ; une acquisition faite uniquement en vue de
percevoir des revenus ne serait pas autorisée ; il est,
en effet, contraire à l'intérêt général que les communes possèdent beaucoup d'immeubles.

Les ventes d'immeubles sont soumises aux mêmes
règles que les acquisitions.

Le préfet peut mettre des conditions à son autorisation ; exiger, par exemple, qu'il soit fait emploi en
rentes sur l'Etat du prix d'aliénation. La vente se fait
aux enchères ; toutefois, cette règle n'est pas absolue
et souffre des exceptions : nous en avons un exemple
dans l'article 19 de la loi de 1836 sur les chemins
vicinaux, qui consacre le droit de préemption du propriétaire riverain d'un chemin abandonné.

Lorsque le maire procède à une adjudication publique pour le compte de la commune, il est assisté
de deux membres du conseil et du receveur municipal. Toutes les difficultés qui peuvent s'élever sur les
opérations préparatoires de l'adjudication sont résolues, séance tenante, par le maire, les deux conseil-

lers et le receveur municipal, à la majorité des voix, sauf le recours de droit. C'est là une attribution contentieuse du maire.

Aucun texte ne prescrit le ministère d'un notaire pour les ventes de biens appartenant aux communes.

Dans le décret du 12 août 1808 et l'ordonnance du 7 août 1818, qui prescrivent l'intervention de ces officiers publics pour certains baux passés par les communes et les établissements publics, il n'est aucunement fait mention des cas de vente.

Nous en concluons que le ministère des notaires n'est pas exigé.

D'après l'article 1596 du Code civil, un maire ne pourrait pas se rendre adjudicataire d'un bien appartenant à la commune. On admet cependant que le maire pourrait user du droit de préemption accordé par l'article 19 de la loi de 1836, s'il se trouvait être voisin du chemin mis en vente.

L'incapacité édictée par cet article 1596 ne s'étend pas aux membres du conseil municipal : le maire est véritablement seul chargé de l'administration des biens de la commune (art. 14).

Il serait, de plus, contraire à l'intérêt de la commune, que l'on veut protéger, de multiplier les incapacités.

L'adjudication, une fois prononcée, on ne peut recevoir une surenchère; l'article 965 du Code de procédure ne reçoit pas son application.

Les échanges d'immeubles appartenant aux communes sont soumis aux mêmes formalités que les ventes. L'expertise doit être contradictoire (circulaire du 8 février 1823).

Deux ou plusieurs communes voisines, ou deux sections de commune, peuvent posséder des biens par indivis et vouloir procéder à un partage.

Il faut encore distinguer ici entre les communaux proprement dits et les biens patrimoniaux. Les lois des 10 juin 1793, du 9 ventôse an XII, deux avis du Conseil d'État du 20 juillet 1807 et du 26 avril 1808, enfin l'article 105 du Code forestier s'occupent du partage des communaux appartenant indivisément à plusieurs communes.

En l'absence de titres pour connaître la part de chaque commune, on consulte la possession, et, à défaut de possession constante, le partage se fait en raison des feux de chaque commune.

Les questions de propriété sont de la compétence de l'autorité judiciaire; le tribunal administratif statue sur les difficultés relatives aux formes du partage.

S'il n'y a aucune contestation, les lots sont composés par des experts choisis par les maires, et le projet de partage est soumis aux deux conseils municipaux, dont les délibérations sont approuvées par le préfet.

Quand il s'agit de biens patrimoniaux, à défaut de titres ou de possession, on ne tient aucun compte du nombre des feux de chaque commune; les deux communes sont réputées être copropriétaires chacune pour moitié. Pour toutes les contestations qui peuvent s'élever à l'occasion du partage des biens patrimoniaux,

l'autorité judiciaire est seule compétente; la loi de
1793 ne s'applique pas ici.

Une des questions les plus graves et les plus con-
troversées de notre matière est celle de savoir si le
partage de la propriété des biens communaux est au-
torisé entre les habitants d'une même commune.

Remarquons d'abord que, pour les bois, il ne peut
y avoir de doute: l'article 92 du Code forestier tranche
la question négativement.

Une loi du 17 août 1792 ordonna le partage de tous
les biens communaux; une autre loi du 20 juin de
l'année suivante rendit ce partage facultatif.

Le but de ces deux lois était d'arriver au morcellement de la propriété foncière.

Le partage était délibéré dans une assemblée com-
posée des habitants des deux sexes, âgés de 21 ans; le
tiers des voix suffisait pour amener le partage.

Ce partage se faisait par tête et non par feu; on
arrivait ainsi à un morcellement indéfini qui entraî-
nait les plus fâcheuses conséquences.

La loi du 21 prairial de l'an IV déclara qu'il serait
sursis provisoirement à l'exécution de la loi de 1793.
Enfin une loi du 9 ventôse de l'an XII dispose qu'on
exécutera les partages effectués par actes en vertu de
la loi de 1793. Mais ces partages restaient-ils autorisés
pour l'avenir? Telle était la question qui s'éleva alors.
L'article 92 du Code forestier ne fit aucune innovation,
car la prohibition de partager les bois résultait déjà de
la loi fondamentale de 1793.

En 1837, sur la demande du ministre, on ajourna la solution de cette question.

Un avis du Conseil d'État, du 21 avril de l'année suivante, a déclaré que le partage des communaux entre les habitants n'était pas permis, et c'est aujourd'hui l'opinion généralement admise.

L'article 48 de la loi de 1837, qui s'occupe des dons et legs faits aux communes, a été modifié par la loi du 24 juillet 1867, en ce sens que la délibération du Conseil municipal sera toujours souveraine, quand il n'y aura pas réclamation de la part de la famille, et lorsque les dons ou legs sont faits sans charges, conditions, ni affectation immobilière. Autrement il faudra un décret délibéré en Conseil d'État. Le n° 9 de l'art. 1er de la loi de 1867 ajoute que, en cas de désaccord entre le maire et le Conseil municipal, la délibération ne sera exécutoire qu'après approbation du préfet.

Il peut arriver que, dans un testament, un legs soit fait à une commune et à une fabrique, ou bien qu'un des legs soit imposé comme charge à l'autre. Après plusieurs variations dans la jurisprudence du ministère de l'intérieur, une circulaire du 25 janvier 1856 décide que, dans ce cas, l'autorisation pour accepter les deux legs sera ordonnée par décret rendu en Conseil d'État.

La fin de l'article 48 porte que le maire peut toujours, à titre conservatoire, accepter les dons et legs après une délibération du Conseil municipal. Le décret qui intervient ensuite a effet du jour de l'acceptation provisoire.

De cette manière, on n'aura plus à craindre la mort ou le repentir du donateur pendant le temps nécessaire pour obtenir l'autorisation. Cette disposition ne peut plus recevoir aujourd'hui son exécution que dans les cas dans lesquels la délibération du Conseil municipal ne suffit pas.

Quand un legs est fait à une commune, le maire peut faire courir les intérêts au profit de la commune, en formant une demande en délivrance, même avant la réception de l'autorisation.

Un décret du 30 juillet 1863 impose à tout notaire, dépositaire d'un testament qui contient une disposition en faveur d'une commune, l'obligation de faire parvenir au préfet un extrait de ce testament.

Transactions.

Lorsque le maire reçoit des offres de transaction, ou qu'il juge avantageux d'entrer dans cette voie, il prépare un acte de transaction qu'il soumet au préfet, et ce fonctionnaire charge trois jurisconsultes, qu'il désigne, de donner une consultation pour éclairer la commune sur ses droits.

Cette consultation est communiquée au Conseil municipal ; si ce Conseil consent à la transaction, le sous-préfet et le Conseil de préfecture sont appelés à donner leur avis, et le préfet approuvera s'il y a lieu la délibération du Conseil municipal.

Le maire reprend alors les pourparlers avec l'adversaire de la commune, et s'ils tombent d'accord, ils procèdent à la signature de l'acte qui renferme les conditions de la transaction.

Cet acte doit être passé devant notaire ; il ne devient exécutoire qu'après que le préfet l'a homologué par un arrêt rendu en Conseil de préfecture.

L'approbation du préfet n'est qu'une simple mesure de tutelle ; elle ne peut être l'objet d'un recours par la voie contentieuse, et elle ne fait point obstacle à ce que la nullité de la transaction soit ensuite demandée par action directe devant les tribunaux ordinaires. C'est également à ces tribunaux qu'il appartient de connaître des difficultés qui peuvent s'élever sur l'exécution des transactions.

Actions judiciaires.

Les communes peuvent avoir des procès devant les mêmes juridictions que les particuliers. Mais elles sont tenues, pour former une demande en justice, de remplir certaines formalités préalables, dont le but est d'empêcher que les administrations municipales ne compromettent ou lèsent les intérêts qui leur son tconfiés.

C'est le maire qui représente la commune ; s'il est absent ou empêché, notamment si ses intérêts se trouvent opposés à ceux de la commune, il est remplacé de droit et sans délégation par un adjoint, et à son défaut par un conseiller municipal délégué par le préfet.

Avant d'agir, le maire doit être muni de l'autorisation du Conseil municipal.

Le maire qui agirait sans autorisation, devrait être déclaré non recevable et condamné personnellement aux dépens.

La commune doit être autorisée à plaider par le Conseil de préfecture.

La demande est formée au moyen d'une requête adressée au Conseil par l'entremise du préfet et accompagnée des documents nécessaires pour l'apprécier.

Si le Conseil de préfecture refuse à la commune l'autorisation de plaider, elle peut, dans les trois mois, se pourvoir devant le Conseil d'État, et c'est la section de législation qui prononce.

Après tout jugement intervenu, la commune ne peut se pourvoir devant un autre degré de juridiction qu'en vertu d'une nouvelle autorisation du Conseil de préfecture, et, pour demander cette autorisation, le maire doit être pourvu de celle du Conseil municipal comme pour une première instance.

Si la commune, par négligence ou par crainte de s'engager dans un procès coûteux, refuse d'intenter une action, la loi de 1837 donne à tout contribuable inscrit au rôle de la commune le droit d'exercer à ses frais et risques, avec l'autorisation du Conseil de préfecture, les actions qu'il croit appartenir à la commune et que le Conseil municipal a négligé ou refusé d'exercer.

Quiconque veut intenter une action en justice contre une commune, est tenu d'adresser préalablement au préfet un mémoire exposant les motifs de la demande. La présentation de ce mémoire est constatée par un récépissé du préfet; elle interrompt la prescription, ainsi que toutes déchéances, et avertit l'administration de l'instance qui l'appelle à examiner si la commune doit ou non résister aux prétentions de son adversaire.

La décision du conseil de préfecture doit être rendue dans le délai de deux mois, à partir de la date du récépissé du mémoire, et l'action ne peut être intentée qu'après la décision du conseil de préfecture, ou, à défaut de décision, dans le délai des deux mois, qu'après l'expiration de ce délai.

Dans les cas où le conseil de préfecture refuse à une commune l'autorisation de défendre à une action, le maire peut, en vertu d'une délibération du conseil municipal, se pourvoir contre l'arrêté de refus devant l'Empereur en son Conseil d'Etat.

Lorsqu'une section de commune se trouve dans le cas d'intenter ou de soutenir une action à elle appartenant, elle a pour défenseurs et représentants naturels le maire et le conseil municipal, toutes les fois qu'elle a pour adversaire un particulier, un établissement public ou une commune autre que celle dont elle fait partie.

Mais si le litige existe entre la section et la commune dont elle fait partie, la section doit être représentée par une commission syndicale de trois ou cinq membres, désignés par le préfet; et de même, si une section se trouve dans le cas de plaider contre une autre.

une commission syndicale doit être formée pour chacune d'elles.

Lorsque la commission syndicale est d'avis d'intenter ou de soutenir l'action, elle désigne un de ses
membres qui exerce alors pour la section les mêmes
attributions que le maire pour la commune.

La section qui a gagné n'est passible d'aucune con
tribution aux frais du procès. Il en est de même de
toute partie qui a plaidé contre une commune ou
section de commune.

—

DROIT ROMAIN

POSITIONES

I. — Iis administratoribus reipublicæ cautio remittitur, quos præses ex inquisitione creat.

II. — Magistratus tenetur de sorte et usuris quas culpa sua non exigit, sed cum eo quod minus idoneis non recepit compensat id quod plus usuris ex aliis nominibus percepit.

III. — A curatore calendarii cantis exigi non debet.

IV. — Ejus pecuniæ quam curatores civitati debent ex administratione usuras non nisi apud eos remansit præstare cogendi sunt.

CODE NAPOLÉON

POSITIONS

I. — Les tuyaux servant à la conduite des eaux dans

une maison ou autres héritages sont immeubles par leur nature.

II. — Les forges, cuves, chaudières, etc., placées et scellées dans le bâtiment par le locataire ou le fermier ne sont pas immeubles par destination, ni par leur nature, mais des meubles.

III. — L'usufruitier ne peut pas faire d'immeubles par destination.

IV. — Pour déterminer si un objet mobilier est ou non immeuble par destination, il faut s'attacher à la question de savoir s'il est placé *ad integrandam* ou *ad instruendam domum*.

V. — Les sociétés civiles ne constituent pas des personnes morales.

VI. — Le contrat de constitution de rente doit plutôt être envisagé comme un contrat de vente que comme un contrat de prêt.

VI. — La disposition de l'article 1912 s'applique exclusivement à la rente établie moyennant l'aliénation d'un meuble, et celle de 1913 s'applique en outre à celle constituée moyennant l'aliénation d'un immeuble.

VII. — Le lit des rivières non navigables ni flottables appartient aux propriétaires riverains.

VIII. — L'emphytéose ne constitue plus aujourd'hui, chez nous, un droit réel.

DROIT ADMINISTRATIF

POSITIONS

I. — Pour participer à la jouissance des communaux, il n'est pas nécessaire d'être Français.

II. — Les conseillers municipaux peuvent se rendre
adjudicataires des biens appartenant à la commune.

III. — Après l'aliénation des biens de la commune,
il n'y a pas lieu à surenchère.

IV. Il ne peut plus y avoir lieu aujourd'hui au partage de propriété des biens communaux entre les habitants de la commune.

V. Le maire, après avoir accepté provisoirement le
legs d'une somme d'argent fait à la commune, peut
former une demande en délivrance de ce legs, même
avant d'avoir obtenu l'autorisation de l'accepter, et
cette demande aura pour résultat de faire courir les
intérêts à compter du jour où elle a eu lieu.

VI. — Le droit des habitants sur les biens communaux, n'est pas un droit d'usage proprement dit.

Vu par le président,
C. BUFNOIR.

Vu par le doyen,
G. COLMET D'AAGE.

27093 Impr. RENOU et MAULDE, rue de Rivoli, 144.

www.ingramcontent.com/pod-product-compliance
Lightning Source LLC
Chambersburg PA
CBHW070907210326
41521CB00010B/2098